Volker Bergel
Ich bin in den schwarzen Himmel gefallen

Volker Bergel

Ich bin in den schwarzen Himmel gefallen

Gedichte

EDITION
Noack
Block

ISBN 978-3-86813-203-8

Herstellung durch Edition Noack & Block
in der Frank & Timme GmbH,
Wittelsbacherstraße 27a, 10707 Berlin.
Gedruckt auf säurefreiem, alterungsbeständigem Papier.

www.noack-block.de

Als der Vater
Wieder Kam
Rief Ich du Bist
mein vater
Er Nahm Mich
In die Arme
und Roch Nach
Erde und Rauch
und sagte
und du Bist
mein Sohn
Als mein
vater Wieder Kam

Vorbemerkung

Nach dem Tod unseres Vaters, des Schriftstellers Hans Bergel, im Februar 2022 entdeckte ich beim Ordnen seines Nachlasses eine Mappe mit Gedichten meines Bruders Volker. Fast gleichzeitig fand ich mehrere Hinweise darauf in Vaters etwa 950-seitigen Notizen (Hans Bergel, *Notizen eines Ruhelosen.* Tagesaufzeichnungen 1995 bis 2000, Berlin: Frank & Timme 2015). Aus diesen ging hervor, dass er sich mit seinem engen Freund und Schriftstellerkollegen, dem Lyriker Manfred Winkler, darüber ausgetauscht hatte. Bereits Anfang 1999 hatten die beiden eine Veröffentlichung der Gedichte ins Auge gefasst.

Bei Volkers Geburt am 1. Juni 1958 kam es zu einer für ihn lebensbedrohlichen Komplikation, die sein weiteres Leben bestimmen sollte – und das der ganzen Familie veränderte.

Volker war acht Monate alt, als unser Vater 1959 im Kronstädter Schriftstellerprozess in Braşov/Rumänien zu fünfzehn Jahren Gefängnis verurteilt wurde. 1963 gab es eine Amnestie für politische Häftlinge. Danach wurde er zu einem Jahr Zwangsaufenthalt in die Donausteppe verbannt.

Hier sahen wir Vater nach über vier Jahren zum ersten Mal wieder: Unsere Mutter fuhr mit meinem Bruder Gerolf und mir im Sommer dorthin. Unsere Großmutter besuchte ihren Sohn im Herbst und nahm Volker mit, der den Vater bisher nur aus Erzählungen kannte. Diese allererste bewusste Begegnung Volkers mit seinem Vater hat beide sehr aufgewühlt.

Die Zukunftsaussichten für die Familie, besonders aber jene für Volkers Entwicklung, waren im kommunistischen Rumänien der damaligen Zeit denkbar schlecht und zwangen die Eltern dazu, die Ausreise zu beantragen. Im Herbst 1965 wurden wir erneut getrennt: Die Mutter übersiedelte mit uns drei Kindern nach Süddeutschland und Vater wurde – obwohl seine politische Haft beendet war – noch zweieinhalb Jahre in Rumänien festgehalten.

Unterdessen hatte unsere Mutter einen Platz für Volker in der Camphill Schulgemeinschaft Bruckfelden am Bodensee gefunden. Dank umfassender Betreuung und sorgsamer schulischer Bildung stabilisierte sich Volkers Zustand. Von Beginn an hatte er große Freude daran, Lesen und Schreiben zu lernen. Später wechselte er in die Camphill Dorfgemeinschaft Lehenhof, die sein Zuhause wurde.

Der Lehenhof liegt inmitten von Wald und Wiesen auf halber Höhe an einem Hang. Berg und Tal sind dort immer gegenwärtig, an einigen Stellen öffnet sich der Blick zum Bodensee.

Volker arbeitete in verschiedenen Werkstätten und nimmt bis heute mit großer Selbstverständlichkeit am Arbeitsleben und an Fest- und Freizeit-Programmen teil. Seit einigen Jahren ist er begeistertes Mitglied einer Bläsergruppe.

Unter dem Titel *Schweben heißt Lieben. Drei Menschen jenseits der Norm* drehte Thomas Riedelsheimer 1994 für das Zweite Deutsche Fernsehen einen Dokumentarfilm über die Hausgemeinschaft, in der Volker damals lebte. Darin durften er und zwei seiner Mitbewohner zeigen, womit sie sich am liebsten beschäftigten. Volker setzte sich vor die Schreibmaschine und war zu keinem Gespräch, zu keiner ergiebigen Antwort bereit. Riedelsheimer war taktvoll genug, ihn nicht zu bedrängen.

Bei einem seiner Besuche auf dem Lehenhof entdeckte unser Vater in Volkers Zimmer die handschriftlichen Blätter mit Gedichten.

Vermutlich schrieb Volker die Gedichte in ähnlicher Verfassung nieder wie er bis heute Briefe schreibt: hochkonzentriert und in einem Zug, meist ohne Punkt und Komma. Dabei möchte er ungestört sein. Manchmal liest er das Geschriebene noch einmal durch, missglückte Versuche werden zerknüllt und er beginnt ein neues Blatt.

Vater leerte nach Volkers „Schaffensfreuden", wie er das nannte, jedes Mal den vollgestopften Papierkorb, schrieb ab und sammelte auf diese Weise fünfundfünfzig Gedichte. Ein Teil davon liegt in Volkers Handschrift vor.

Ich habe die Gedichte geordnet und um der Lesbarkeit und des besseren Verständnisses willen kleine Korrekturen vorgenommen.

Das Eingangsgedicht legt eine Erinnerungsspur weit in die frühe Kindheit.

In seinen jüngeren Jahren arbeitete Volker mit großer Leidenschaft und über lange Zeit in der Bäckerei; viele der Gedichte sind wohl in dieser Zeit entstanden.

Andere enthalten Hinweise auf Ausflüge zur Insel Mainau, nach Basel und besonders zu den Pfahlbauten in Unteruhldingen. Sie zeigen, wie tief Volker davon bewegt und beeindruckt war.

Über seine Gedichte hat er nie mit jemandem gesprochen.

Hildegard Bergel-Boettcher, im Juli 2024

Die Gedichte

Als der Vater
wieder kam
rief ich du bist
mein Vater
Er nahm mich
in die Arme
und roch nach
Erde und Rauch
und sagte
und du bist
mein Sohn
Als mein
Vater wieder kam

Wenn ich durch den Wald gehe
lachen die Blätter leise
Nur meinen Schritt hör ich im Wald
wenn ich stehenbleibe
hör ich aber auch das Gras
das flüstert
und die Borke an den Bäumen
die schnurrt
wie eine Waldkatze

Komm zu mir
kleines Gesicht
zwischen den Zweigen
Die Blüten auf deinen Ohren
das sanfte Gras auf deiner Stirn
die liebe Melodie auf deinen Lippen
Wenn du zu mir kommst
bist du nicht mehr so allein
wie jetzt dort oben
in der Krone des Eichbaums
aus der du mich anblickst
wie in meinem Traum
heute Nacht

Manchmal fallen Blumen
von den Bäumen
und manchmal fallen Sterne
vom Dach
und manchmal fallen
leuchtende Augen
vom Himmel
Ich weiß nicht
was ich mit den Blumen
den Sternen den Augen
beginnen soll
die alle darauf warten
dass ich mit ihnen
einen Reigen tanze

Eine Fee ist aus Licht und Luft
Sie gleitet wie eine
verlorene Fahne
wohin der Wind sie treibt
Bald sitzt sie mir
auf der Schulter
Bald schlingt sie sich
mir um den Hals
Bald windet sie sich
um meine Hand
Die Fee ist lustig
denn ich spüre sie nicht
Ich sehe sie nur und weiß
dass sie will
dass ich sie spüre
Denn sonst würde sie sich
nicht so um mich bemühn
Ich mag die Fee
wenn sie mit mir spielt
Wenn sie mich verlässt
fühle ich mich ganz feierlich
Denn ich weiß
dass sie nur zu mir
zurück kommt
Die anderen sehen sie nicht

Dreimal darfst du
zu mir kommen
dreimal darfst du
bei mir weinen
dreimal darfst du
bei mir schlafen
dreimal wird die Nacht
dich bei mir sehen
doch am Morgen des dritten Tages
wirst du nicht mehr da sein
Nur deine hellen
Spuren im Wind
Nur deine warmen
Träume am Horizont
Nur dein schwarzer
Schlaf in meinem Herzen
Dreimal kommst
du nicht wieder

Wenn die Sonne aufgeht
hab ich ein Höhlenloch in meiner Brust
durch das ich die Sterne immer sah
Aus dem Feld flattert
erschrocken der Mond
wie eine alte Eule
die vergessen hat schlafen zu gehn
Niemand weiß wo die Hexe
im Wasserfall wohnt
Ich hab sie besucht
sie hat mich bewirtet
mit Wasserfallbrot
vom Wasserfallbaum
mit Wasserfallwein
Dann bin ich zur Sonne
zurückgeflogen
Sie hat geweint
weil ich ihr treulos war
mit der schönen
der blauen Wasserfallhexe
und der grauen Seideneule!

Im Morgenregen
tanzt der Löwe
auf einem Bein
Er hat sich am Schwanz gepackt
sie tanzen zu zwein
Dann kommt der Elefant
er trommelt auf seinem Bauch
mit der Rüsselhand
Auch die Giraffe wackelt
mit langem Kopf
aus dem Gebüsch heran
und hüpft und springt,
was die alles kann!
Auch das Stachelschwein
mischt sich hinein
Sie tanzen alle
um die große Mausefalle!

Ich habe von Basel geträumt
den schwarzen Fluss hinab
stürzen die Häuser und Türme
In Basel bläst ein Mädchen
auf der Flöte über dem Turm
Nur er ist nicht hinabgestürzt
in den schwarzen Fluss
Ich fliege auf den Turm
hinauf zum Mädchen
mit der Flöte
Wir blasen beide die Flöte
auf dem Baseler Turm
und sind allein
über dem schwarzen Fluss.

In Basel in Basel
sind Rote Türme
und Blaue Dächer
und Grau über mir
ist die Goldene Uhr
am Himmel.
In Basel in Basel
sind Schwarze Straßen
und genau
unter mir
ist das Traurige
Wasser!

Wenn es lange regnet
sinkt meine Seele nieder
wie ein nasses Tuch
das schwer wird
und nicht mehr flattern kann
Ich bin dann ganz leer
ganz leer
ganz leer
Weil meine Seele
aus mir gesunken ist
am dunklen Tag ohne Ende
Ich bin nichts
ohne meine Seele
Warum bin ich nichts
ohne meine Seele?

Im Wasser am Bodensee
sind tief unten
Häuser und Dächer
Balken und Brücken
Ich hab auf sie hinabgesehn
Aber ich hab keine
Menschen gesehn
Wo sind sie
die alles das bauten
Fortgeschwommen
in den tiefen Bodensee
Fortgeflogen
in den Wasserhimmel
Eingetaucht ins Seegestirn
Keiner kommt wieder

Im Bodensee sind Häuser aus Holz
Ich hab sie von oben gesehn
Die standen am Ufer einst
Dann wuchs der Bodensee
Und die Menschen liefen fort
weil sie nicht durch ihre Häuser
schwimmen wollten
Aber die Häuser blieben dort unten
wie in einem gläsernen Sarg
Mit Türen
Mit Bänken
Mit Dächern
Die Menschen sind nicht mehr
Nur noch die Häuser sind
im gläsernen Sarg
im Bodensee
Es wird immer so sein
Die Menschen sind nicht mehr
Nur die leeren leeren Häuser

Ich bin in den
schwarzen Himmel
hinabgefallen
der sich unter mir breitet
Über mir ruht die Erde
mit ihrem dumpfen Geruch
Aber ich will hinab
in den Himmel
in dem es kein Ende gibt
Kein Sturz
lässt mich aufschlagen
kein Stein tut mir weh
ich falle in den
schwarzen Himmel hinab
und bin dabei froh

Warum baut man die Häuser
über der Erde
Warum baut man sie nicht
unter der Erde
Dort ist Ruhe
und dämmeriges Licht
und kein Lärm
Wenn ich mir ein Haus baue
dann baue ich es
unter der Erde
Dann steige ich hinab
und hab meine Ruh
und bin der König
der Unterirdischen
Die kommen zu mir
essen und trinken
Sie sind lautlos und leicht
Ich mag ihre schönen
weißen Hände
und ihre großen Augen
Sie bleiben schwebend bei mir
bis ich einschlafe
Doch auch im Schlaf
sind sie bei mir

Die Lerche
hängt an den Wolkenbändern
des Himmels über mir
Sie flattert und ruft
und will sich befreien
Doch die Bänder
an denen sie hängt
sind stärker
Sie muss flattern
Sie muss rufen und zappeln
Auch der große Storch
mit seinen Flügeln
wie geöffnete Türen
hilft ihr nicht fort
Die Lerche klebt am Himmel
Ruft sie oder weint wie
Sie weint
weil sie nicht fort kann
von der einen Stelle im Himmel
an der sie hängt
an den Wolkenbändern
die keiner sieht
Nur die Lerche sieht sie
und kann sich nicht mehr
befreien

Von der Brücke
ist ein Stein gefallen ins Wasser
Keiner weiß
warum er gefallen ist
auf das zitternde Wasser
Keiner weiß
wohin er fällt im Wasser
Ist der Grund tief auf den er fällt
Ewig wird er dort unten schlafen
im weichen zitternden Wasser
auf dem Grund von dem
niemand weiß
wie tief er ist

Musik
ist eine Bewegung aus Licht
Die Flötentöne springen
wie Springbrunnen aus Licht
Die Cellotöne gleiten
wie Wellen aus Licht
Die Trompetentöne schneiden
wie Messer aus Licht
Der Bass stolpert
wie vergessner Wind durchs Licht
Er räuspert sich und brummt
und rings um ihn
ist alles Licht

Immer wenn die Lena singt
vergess ich zu atmen
sie singt in der Küche
im Keller
und vor dem Haus
Ich will sie nicht stören
wenn sie singt
deshalb vergess ich
zu atmen!

Was ist ein Lied
Was ist ein Wort
Was ist der Atem?
Der Tag ist ein Lied
die Nacht ist ein Wort
der Morgen ist Atem
Wenn einer singt
drüben über den Wiesen
kommt das Wort
herüber zu mir
kommt der Atem
Ich summe das Lied
ich summe das Wort
ich summe den Atem
Die Glockenblumen
schauen mich an
und nicken mir zu
Das Gras blinzelt mir zu
und die Brennesseln
beginnen zu sprechen
Ihr Wort ist klug und klar
ihr Lied ist einsam
ihr Atem ist scharf
und tut mir weh

Im Gras im Gras
hockt eine Grille
Sie geigt und pfeift
und wenn ich nahe bin
fliegt sie ein Stück fort
Immer wenn ich ihr nahe komme
vergisst sie ihre Musik
springt auf und fliegt fort
Aber immer wenn ich stehen bleibe
geigt sie und pfeift
und schnarrt und zirpt
und zeigt mir alles
was sie kann
Aber nur meinen Ohren
zeigt sie es
nicht meinen Augen
Denn sie will mir
ihr Geheimnis nicht verraten
So bleib ich stehn und hör ihr zu
Ich will ja gar nicht wissen
wie sie das macht
ich will nur ihre Musik hören

Meine Großmutter
ist sehr alt
Alt wie ein kluger Stein
der wenig redet
und viel schweigt
und alles weiß
es aber nicht sagt
Ihr Gesicht ist ein glatter Stein
Ohne Runzeln ist ihr Gesicht
Nur wie ein schöner Stein
der viel weiß
und immer weniger redet
weil er so viel weiß

Ich hab ein Brot gebacken
das duftet fein
Wenn ich es auf der Schaufel
aus dem Ofen hole
ist es warm wie ein Mensch
und weich wie die Luft im Sommer
wie das Wasser im Tal
ich esse das Brot nicht
Ich schicke es zu fernen Menschen
Ob einer von ihnen an mich denkt
wie gern ich das Brot
für ihn gebacken habe?
Nein, ich denke ja auch nicht an ihn
wenn er die Schuhe macht
und die Hosen
die ich trage
Schade

Ich backe an jedem Tag das Brot
Ich flechte den Teig
Ich forme den Teig
ich häufe den Teig
in schwarze und weiße Gefäße
Wenn das Brot aus dem Ofen kommt
erkennen wir uns nicht wieder
Hallo Brot, sag ich
bist du es
Du hast dich verändert
Du bist nicht mehr weich und gelb
Du bist gewachsen
Du bist braun und hart
du duftest anders als vorher
und bist warm
Jetzt gehst du auf die Reise
zu den vielen Menschen
die ich nicht kenne
Aber sie werden essen
das Brot von mir
Das Brot ist mein Gruß an sie
Hallo ihr Menschen
denkt an mich
wenn ihr vom Brot beißt.

Ich bin nicht so wie die anderen
Warum bin ich nicht so
Manchmal macht mich das wild
und ich habe Angst
dass ich dann einem was antue
Warum muss ich reden
wenn sie mich etwas fragen?
Ich will ja nur das tun
was auch die anderen tun
Ich backe Brot
und gehe den Berg hinauf
Ich trinke Kaffee
und esse Fisch
Ich gehe schlafen
und stehe wieder auf
Aber anders als die anderen

Der Konrad ist ein Esel
schade nur
dass er keine langen Ohren hat
wie der Esel
Er redet immer
und will mich ärgern
ich stopfe ihm das Mehl
in die Ohren!
Und wünsche mir
dass sie wachsen
wie Eselsohren.
Konrad ist klein
ein Giftzwerg
die sind böse!
Weil sie so klein sind.
Schade dass ihm keine
Eselsohren wachsen
ich würde Tag und Nacht
über ihn lachen
wegen den wackeligen
Eselsohren!
Vom Konrad!

Wenn ich zornig bin
hab ich Flammen in mir
und eine Faust
die hart ist wie ein Steinberg
schwer wie der Donner
Wenn ich zornig bin
schlag ich in Gedanken
alles nieder um mich her
zerschlage die Köpfe
und die Schultern
und die weißen Gesichter
Wenn ich zornig bin
hab ich Angst vor mir

Mein Vater sagt
kümmre dich nicht um jeden
Er hat recht
Aber wenn einer mich ärgert
kümmre ich mich
Ich weiß
dass ich stark bin
Und der weiß es auch
Ich packe ihn dann
und drücke ihn nieder
dass er immer kleiner wird
immer kleiner
Dann hab ich eine Zeitlang Ruhe
bis er mich wieder ärgert
Einmal werde ich ihn solange
niederdrücken
bis er unter mir verschwindet

Das ist der Teufel
der lächelt und süß spricht
und allen gefällt
Das ist die Lüge
die schmeichelt
und sich anschmiegt
Das ist das Böse
das schön tut
und alle umarmt
Und keiner zertritt sie
Alle glauben dem Teufel
der Lüge dem Bösen
Ich friere
und bin allein

Wenn meine Mutter kommt
gehn wir essen und spazieren
Ich bestell Spätzle
und wir gehn
die Bodenseepromenade entlang
Dort sind Menschen
und Fische
und Enten
und Möwen
und Geschäfte
mit Hüten
und Schuhen
und Blusen
und Riemen
Wir sehen die Insel Mainau
dort wachsen mächtige Blumen
Wenn wir vom Fährschiff steigen
ist der Duft von ihnen überall
Auch die Farben
so stark
dass ich fast nicht
unterscheiden kann
welches ist der Duft
und welches ist die Farbe!
Ich bin ganz wirr davon
Meine Mutter malt
schöne Bilder
So schön!
wie die Insel Mainau ist

Das Bild an der Wand
mit der tanzenden Frau
Der Ast vor meinem Fenster
mit dem singenden Vogel
Die Nacht über dem Dach
mit dem goldenen Loch
Ich tanze mit der Frau
Ich fliege durch das goldene
Mondloch
hinaus in die Freiheit

Meine Schwester ist eine schöne Frau
Wenn sie auf die Bühne geht
und singt
bin ich sehr froh
In Gedanken sage ich es
allen Menschen im Saal
das ist meine Schwester
Mein Bruder ist ein kluger Mann
Wenn er redet
schweige ich still
weil er so klug ist
Alle wissen
dass es mein Bruder ist
der so klug redet
leise und klug und lächelnd
Ich kann nicht singen wie meine Schwester
Ich bin nicht so klug wie mein Bruder
Aber wenn mein Vater mit mir ist
bin ich so stark
wie meine Schwester
und mein Bruder zusammen

Die Wurzeln des Baumes
sind wie die Adern
am Arm meines Vaters
so stark und männlich
Die Wurzeln des Baumes
sind wie die Muskeln
an den Armen meines Vaters
so fest packen sie die Erde
Die Wurzeln des Baumes
sind wie die beiden Beine
meines Vaters
so sicher stehen sie im Wind
Die Wurzeln des Baumes sind
wie das Herz meines Vaters
Ich höre wie es rauscht durch sie
und wie der Puls der schwarzen
Erde in ihnen schlägt

Ich telefonier
mit meinem Vater
Er sagt am Anfang
mit tiefer Stimme
Hallo hier Bergel
Aber wenn ich ihm sage
dass ich mit ihm telefoniere
wird seine Stimme
hell und leicht
und er sagt
mit heller Stimme
und er sagt
mein Sohn zu mir!
Und ich lache
und ich sage
Ich backe ein Brot
für dich!
Das ich dir schenke!
Und er sagt
wenn wir wieder
zusammen sind
fahren wir
auf den Fernsehturm
hinauf und lachen
von oben über die Welt

Mein Vater ist ein großer Bär
er drückt die Felsen
tief in die Erde
an die mein Fuß stößt
an die meine Stirne stößt im Blut.
Mein Vater ist ein großer Affe
er reißt vom Baum
den dunklen Ast
den ich esse.
Mein Vater ist ein großes Kamel
das trägt meine Gedanken
in die Wüste hinaus
und erzählt mir vom goldenen Sand
der dort wächst
wie der Klee in unserem Garten.
Mein Vater ist der schwarze Himmel
er regnet mir ins Haus
wie warmes Licht.

Mein Vater schreibt Bücher
dicke und dünne
kluge und dumme
mit Bildern und ohne Bilder
Aber die Buchstaben sind seine Bilder
sagt er zu mir
Jeder Buchstabe und jedes Wort
ist ein anderes Bild
Er kann nicht aufhören zu schreiben
weil er alle Bilder festhalten will.
Da ist es egal
ob einer meint
das ist klug und das ist dumm.
O nein, Bilder sind immer klug
habe ich zu ihm gesagt,
schreib du ruhig weiter.
Da hat er gesagt
o ja das tue ich
und er hat gelacht

Wenn ich mit der Eisenbahn fahre
durch die Täler
und Felder
und Wälder
dann fahre ich ohne Ende
immer weiter
immer möchte ich fahren!
In der donnernden
Eisenbahn!
Sie ist wie eine Pferdeschar
die galoppiert mit
Eisenhufen
Traram TaramTaram
Ich möchte
eine Eisenbahn sein
und alle die Menschen
in mir tragen!
Fort tragen
ohne Ende
Auf springenden Hufen
mit eiserner Kraft
die nichts aufhalten kann
bis ans Ende
des Himmels

Ich bin den Berg
hinab gefahren
der Wind hat gelacht
und gekracht dazu
der Himmel ist
ein Stück an uns vorbei
nach hinten gesaust!
Die Bäume sind
wie Splitterholz
am Wegrand rechts und links
rückwärts gestürzt!
Der Vater hat gesungen
und in den Kehren
vor Freude geschrien!
Wenn sich das Auto
wie ein Tiger
im Sprung gestreckt
gleich danach
sich niedergekauert hat!
Wir sind immer
abwärts gestürmt
und haben gelacht
und gesungen
mit dem Wind

Niemand weiß
wohin wir nach Italien fahren
Ich will es ja gar nicht wissen
Wir fahren über die Berge
und an einem See entlang
bergauf und bergab
Und wenn es heller wird
sind wir in Italien
sagt mein Vater
Er hat dort ein Haus
das wollen wir besuchen
mit vielen Fenstern
und Vogelgezwitscher
am Abend und am Morgen
Der See ist bunt
sagt mein Vater
mit vielen Segeln darauf
Wir werden in einem Boot fahren
zwischen den hohen Bergen
unter den Burgen
die am Ufer stehen
und in den Himmel hinauf
ins helle Licht

Wir fahren Urlaub machen
nach Italien
Wir fahren immer immer
in die Berge hinauf
immer immer die Berge hinab
dort ist Italien
Ein See so groß wie der Himmel
nicht ganz so groß
aber so blau
Mit vielen weißen Segeln
die sich wie Schmetterlinge
übers Wasser schaukeln
Mit einem hohen alten Turm
auf den wir klettern
Alles ist bunt
Die Leute reden schnell und lachen
Sie sind freundlich
Ich sag Bon schiorno
Ich esse Pizza
In Italien ist es warm
Deshalb lachen die Menschen
und sind freundlich
Und jeder singt was er will

Meine Hose hat ein Loch
Die alte gute Hose
Mein Rock hat ein Loch
Der alte gute Rock
Mein Hemd hat ein Loch
Das alte gute Hemd
Aber meine Strümpfe
haben vier Löcher
Die nichtsnutzigen alten Strümpfe
Ich werde sie wegwerfen
in den Bach
Ich kann barfuß laufen
Nur mit dem Loch
in der Hose im Rock im Hemd
Und ich werde immer
fröhlich sein
Was brauche ich einen feinen Rock
eine feine Hose ein feines Hemd?
Das Loch im Hemd und in der Hose
und in meinem Rock
macht mich lustig
weil ich nicht so geleckt bin
wie die anderen
Juhu

Der Hund ist alt
und tut nur noch so
als würde er bellen
Ich schau ihm zu
wie er den Mund öffnet
Der arme Hund
Als ich sah
dass er nicht bellen kann
da hab ich gebellt
laut und lange
Und der alte Hund
Hat mit dem Schwanz gewedelt
und sich gefreut
und mich dankbar angeschaut
Weil ich ihn verstanden hab

Im Regen im Regen
sitzt die kleine Maus
Ich sehe ihre Tränen
an denen sie sich festhält
Im Regen
Ich sehe ihr Zittern
auf den kleinen Beinen
Ich sitze neben der
kleinen Maus
und zittere

Manchmal kommt eine Katze
an die Treppe
Sie sitzt mit eingezogenen Füßen
in der Sonne
Sie schaut niemanden an
Sie bewegt sich nicht
Sie mag nicht angesprochen werden
Sie sitzt wie ein Katzendenkmal
in der Sonne und leuchtet
Nach einer Stunde
streckt sie sich
Sie streckt die Beine nach
vorne und nach hinten
und macht den Rücken krumm
und gähnt
Ich weiß
dass sie sich jetzt am Waldrand
hinsetzen wird
Auch dort wird sie sitzen
wie ein Denkmal
Wie ein Katzendenkmal
unter den Ästen
auf denen die Vögel singen
Aber die Katze
geht das alles nichts an
Sie ist ihr eigenes Denkmal

Wenn wir Theater spielen
bin ich der römische Lucius
Ich trage eine Lanze und ein Schwert
Ich bewache die Höhle mit Gold
Ich stehe wie ein Fels vor der Höhle
Ich bin der Bewacher weil ich so stark bin
Keiner getraut sich an mich heran
Deshalb hat der Thomas gesagt:
Du bist der Bewacher Lucius
der Bewacher des Goldes
das ich niemals sah
Ist Gold in der Höhle oder sagen sie nur so?
Das kümmert mich nicht
Ich weiß dass ich der Bewacher sein muss
auch wenn die Höhle leer ist.
Wenn ich davor stehe ist sie nicht leer

Die Eule und der Kauz
singen Klagelieder bei Nacht
Wenn ich still bin
höre ich sie weiterfliegen
und wieder klagen
Ganz weit weg höre ich sie
Ich höre sie noch
wenn sie nicht mehr zu hören sind
Die Nacht hat die Klage
von ihnen gelernt
und singt jetzt allein
Sie ist traurig
weil die Eule und der Kauz
sie verlassen haben
Aber die müssen
vor dem Morgen fliehen
weil sie nur in der schwarzen Nacht
so schön klagen können
Am Tag lacht die Sonne sie aus
wenn sie so jämmerlich jaulen

Der alte Mann sagt
Komm herauf zu mir
in die Krone des Baumes
Ich habe hier ein Schloss
aus Blättern und Früchten
Die Maus ist mein Gast
Der Vogel ist mein Gast
der Wind ist mein Gast
Wie kommt der alte Mann
in die Krone des Baumes?
Ich weiß ich weiß
Er ist in jungen Jahren
hinaufgeklettert
Es hat ihm so gut gefallen
dort oben
dass er nicht mehr
zurückkehren wollte auf die Erde
Dort oben ist er alt geworden
und fröhlich geblieben
so wie jetzt
wenn er mir sagt
Komm herauf zu mir

Wenn ich die Wiesen hinab laufe
trägt mich das Gras und der Duft
dass ich zu fliegen beginne
Empor zu den Sonnenstrahlen
die auf dem Rücken der Wolken
geduldig auf mich warten
Dann bin ich so leicht
wie ein Gedanke
und wie ein Lachen
So fröhlich wie die Ziege
die am Rand der Wiese meckert
So mächtig wie der See
den ich von hier oben sehe
So traurig wie das Lied
das unten am Bach einer singt
der dort sitzt und nicht weiß
wohin er gehen
wo er nachts schlafen soll

Manchmal sind
auf dem Berg die Lieder
Ich weiß nicht wer sie singt
wenn ich zum Berg hinauf gehe
sind die Lieder nicht mehr dort
Manchmal kommen
aus dem Tal die Lieder
ich weiß nicht wer im Tal ist,
wenn ich ins Tal gehe
ist niemand dort
Manchmal kommen die Lieder
aus dem Wind,
wenn ich den Wind frage
wer die Lieder singt

Warum weiß niemand!
Wer die Lieder singt,
die ich höre?

Im Winter ist auf unserem Berg
nur der Schnee
und darüber die Krähen
Die weißen Bäume
ducken sich
unter dem Schrei
der schwarzen Krähen
Wie dunkle Steine
sind die Krähen
die jemand mit der Hand
hinauf in den Himmel warf

Auf das Haus legt sich die Nacht
Im Tal schweigen die Schatten
Unter dem Felsen schläft der Wind
In dem Wasser des Bachs
fliegen die Seelen
In der Rinde des Baums
hämmert der Pulsschlag der Erde
Der Mond hört meinen Schritt
und niemand sieht mich
Denn es gibt mich nicht

Alle schlafen im großen Haus
Ich geh barfuß durch die Gänge
und Zimmer und Flure
ich steige barfuß
treppauf und treppab
Niemand weiß
wie schön das stille Haus
im Finstern ist
wie schön ich bin
wenn ich barfuß und nackt
des Nachts durch das große Haus gehe
Ich schwebe durch die Fenster
und durch den Ofen
und durch den Rauchfang
Aber ich schwebe immer wieder zurück
ins dunkle große Haus
das so schön ist
wenn alle schlafen
und wenn ich allein und nackt
schwebe dahin
durchs Haus

Die Quellen kommen aus der Erde
Woher kommt die Erde?
Das Wasser kommt vom Himmel
Woher kommt der Himmel
Das Wasser?
Der Sturm kommt aus der Nacht
Woher kommt die Nacht
Das Weinen kommt aus mir
Woher komm ich!

Ich hab Splitter im Kopf
manche sind Blitze
manche sind Schmerz
Aber meine Hände sind mir treu
Ich backe das Brot
ich trinke die Milch
Und immer sind meine Hände dabei
Wenn ich am Teich unten steh
ist das Wasser an meinen Händen
wie der weiche Wind
Wenn ich ein Lied sing
beginnen meine Hände
vor Freude zu fliegen
Ich fliege mit meinen Händen
sie tragen mich
wohin ich will

In der Nacht ist kein Gras gewachsen
In der Nacht ist kein Schnee gefallen
die Flocken waren
bunte Augen im schwarzen
Licht der Nacht,
Jetzt liegen sie wie der Tod im Feld,
sie können nicht weinen und nicht lachen.
Nur die Farben sind froh und traurig,
der weiße Tod der vielen Augen
die vom Himmel kamen.
Das Gras darunter trägt sie
in weichen Händen.
Es erlöst den Tod auf dem Feld
wenn der Frühling kommt.

Statt eines Nachworts

In den *Notizen eines Ruhelosen* finden sich im Februar/März 1999 Hinweise auf einen gemeinsamen Plan Hans Bergels und seines langjährigen Freundes Manfred Winkler, die Gedichte Volker Bergels zu veröffentlichen.

Auszüge aus Briefen und Entwürfen zu der geplanten Publikation

Hans Bergel
Der Augenblick des Wiedersehens mit Volker wird mir unvergesslich bleiben. Ohne mich davon zu unterrichten, brachte meine Mutter, die mich besuchen durfte, den Jüngsten in die Bărăgan-Steppe mit. Leicht taumelnd kam mir der Fünfjährige entgegengelaufen und schrie: „Du bist mein Vater, mein Vater bist du!" Ineinander gekrallt wälzten wir uns lachend und weinend im Steppengras [...]

Ich weiß nicht, wann Volker zu schreiben begann. Als ich vor Jahren in seinem Spind in der Camphill-Einrichtung die ersten Gedichte fand, hielt ich sie für Abschriften. Bald wusste ich, dass es seine Texte waren: reimlos, in freien Rhythmen – Kurzprotokolle phantastischer Träume, Beobachtungen des Umfelds.

In den Ferien bei seiner Mutter in Bayern besucht er auch mich. Frage ich ihn, worauf er Lust hat, sagt er: „Ich will schreiben, gibst du mir deine Schreibmaschine?“ Dann sitzt er stundenlang in seinem Zimmer und schreibt. Ist es die Identifikation mit seinem schreibenden Vater? Niemals vermochte ich Volker zum Gespräch über seine Gedichte zu bewegen.

Manfred Winkler
Was mich vor allem beeindruckt, ist Volkers Sprachgefühl. Ich würde es fast als souverän bezeichnen. Seine Gedichte kennen keinerlei Interpunktion – die Sätze sind so genau und verständlich, dass sich die Interpunktion erübrigt. Und es gibt kaum syntaktische Fehler.

Volker musste die Sprache nicht erlernen, er trug sie gleichsam in sich. Der Vater gab ihm einmal Eichendorff-Gedichte zu lesen. Wie bei keiner anderen Lektüre saß er versunken und mit roten Ohren über das Buch gebeugt.

[…] Die Dinge so zu sehen wie Volker, sie so zu fühlen und zu beschreiben, dazu gehört ein Quantum an poetischem Vermögen, das aufhorchen lässt. In Volker lebt – was einem beim Lesen seiner Gedichte nach und nach bewusster wird – etwas von der Naivität alter Naturvölker, die noch in der Natur und mit ihr lebten. Die Gedichte haben nicht die Perspektive des Erwachsenen, sondern die eines naiven Gemüts, doch der ins Auge springende Kontrast zwischen naiver Haltung und einer eigenwüchsigen Bildlichkeit der Tiefe verleiht ihnen die außergewöhnliche Note, den Zauber.

Vita

Volker Bergel kam 1958 in Kronstadt/Braşov in Siebenbürgen als drittes Kind der Malerin Susanne Schunn und des Schriftstellers Hans Bergel zur Welt. Eine Komplikation bei der Geburt bestimmte sein Schicksal.

1966, ein Jahr nach der Ausreise aus Rumänien, wurde Volker in die Camphill Schulgemeinschaft Bruckfelden aufgenommen. Er lebt seit seinem achtzehnten Lebensjahr in der Camphill Dorfgemeinschaft Lehenhof.

Dank

Ein herzlicher Dank gilt Frauke und Albrecht Römer, die zu einer Veröffentlichung der Gedichtsammlung ermutigt und über die LEHENHOF-STIFTUNG zur Finanzierung beigetragen haben.

Unser besonderer Dank gilt Dr. Karin Timme und Astrid Matthes vom Verlag Edition Noack & Block, die mit diesem Buch einen Schritt auf dem Weg zur Inklusion gehen.

In der Nacht ist
Kein Grass Gewachsen
in der Nacht ist Kein
Schnee Gefallen
die Flocken Waren
Bunte Augen im Schwarzen
Licht der Nacht, Jetzt
Liegen Sie Wie der Tod im Feld,
Sie Können Nicht Weinen und
Nicht Lachen, Nur die Farben
Sind Froh und Traurig.
der Weisse Tod der Vielen Augen
die Vom Himmel kammen,
das Grass darunter Trägt Sie
in Weichen Händen,
Es Erlösst den Tod
Auf dem Feld Wenn der
Frühling kommt.

Inhalt

FSC
www.fsc.org
MIX
Papier | Fördert gute Waldnutzung
FSC® C083411

Zeitfracht Medien GmbH
Ferdinand-Jühlke-Straße 7
99095 Erfurt, Deutschland
produktsicherheit@kolibri360.de

Druck:
CPI Druckdienstleistungen GmbH
im Auftrag der
Zeitfracht Medien GmbH
Ein Unternehmen der Zeitfracht - Gruppe
Ferdinand-Jühlke-Str. 7
99095 Erfurt